Marcus Eli Ravage

Un vrai grief contre les juifs

Marcus Eli Ravage

Un vrai grief contre les juifs

Leur culpabilité profonde soulignée par l'un d'entre eux

Traduit de l'anglais par
Valérie Devon

Publié dans
The Century Magazine

Janvier 1928

Volume 115, Numéro 3
pages 346-350

Couverture réalisée par Francisco María

Un vrai grief contre les juifs©2018 par Valérie Devon
Imprimé et Publié par Valérie Devon
Tous les droits sont réservés.
Ce livre ou une partie de celui-ci ne peut être reproduit
ou utilisé de quelque manière que ce soit sans
l'autorisation écrite expresse de l'éditeur, à l'exception de
l'utilisation de courtes citations dans une revue
de livres ou un journal scientifique.

Marcus Eli Ravage

Écrit par un auteur juif
et publié à l'origine dans
The Century Magazine
en janvier 1928.

Cet article soutient que si les Blancs
comprenaient à quel point les juifs
contrôlent nos pays
et leurs institutions de pouvoir
et la façon dont ils exercent ce pouvoir
dans le but de détruire nos intérêts,
nous nous soulèverions et les
supprimerions immédiatement.

BIEN SÛR, VOUS NOUS EN VOULEZ. Ce n'est pas la peine de me dire le contraire. Ne perdons donc pas de temps en dénis et alibis. Vous le savez, et je le sais, et on se comprend. Certes, certains de vos meilleurs amis sont juifs, et tout ça.

J'ai déjà entendu cela une ou deux fois, je crois. Et je sais aussi que vous ne m'incluez pas personnellement - "moi" étant un juif en particulier - lorsque vous nous dénoncez en gros, parce que je suis, eh bien, si différent, vous savez, presque aussi bien que l'un d'entre vous.

Cette petite exemption ne m'incite pas, d'une façon ou d'une autre, à la gratitude, mais peu importe dans l'immédiat. C'est l'agressivité, le carriérisme, l'arrivisme, et le matérialisme que vous n'aimez pas - ceux, en un mot, qui vous rappellent tant vos propres frères si prometteurs.

Nous nous comprenons parfaitement. Je ne vous en veux pas...

Bénis soit mon âme, je ne blâme personne de ne pas aimer quelqu'un. Ce qui m'intrigue le plus avec vous les antijuifs, c'est votre manque total de cran.

Vous êtes si indirects et tortueux avec ça, vous trouvez des excuses si fantastiques et limpides, vous semblez souffrir d'une gêne si horrible que ce spectacle, s'il n'était pas grotesque, serait irritant.

Ce n'est pas comme si vous étiez des amateurs : vous le faites depuis plus de quinze siècles. Pourtant, à vous regarder et à entendre vos prétextes enfantins, on pourrait avoir l'impression que vous ne savez pas vous-mêmes de quoi il s'agit. Vous nous en voulez, mais vous ne pouvez pas dire clairement pourquoi. Vous trouvez une nouvelle excuse - une "raison", c'est ainsi que vous l'appelez - tous les deux jours.

Vous avez accumulé des tas de justifications pour vous-mêmes depuis des centaines d'années et chaque nouvelle invention est plus risible que la précédente et chaque nouvelle excuse contredit et annihile la dernière.

Il n'y a pas si longtemps, j'entendais dire que nous étions des "faiseurs de fric", et des commerçants matérialistes ; maintenant la rumeur court qu'aucun art et aucune profession n'est à l'abri de la menace juive.

Nous sommes, à en croire vos dires, à la fois claniques, exclusifs et inassimilables parce que nous ne nous marions pas avec vous, et nous sommes aussi des carriéristes et arrivistes et une menace pour votre intégrité raciale.

Notre niveau de vie est si bas que nous créons vos bidonvilles et les entreprises qui vous exploitent, et si élevés que nous vous évinçons de vos plus beaux quartiers résidentiels.

Nous nous dérobons à notre devoir patriotique en temps de guerre parce que nous sommes des pacifistes par nature et par tradition, et que nous sommes les conspirateurs des guerres universelles et les principaux bénéficiaires de ces guerres (voir le regretté *Dearborn Independent*, passim, et *Les Protocoles des sages de Sion*).

Nous sommes à la fois les fondateurs et les principaux partisans du capitalisme et les principaux auteurs de la rébellion contre le capitalisme.

Assurément, l'histoire n'a rien à nous envier question versatilité !

Et, ah ! J'ai failli oublier la raison des raisons. Nous sommes le peuple à la nuque raide qui n'a jamais accepté le christianisme, et nous sommes les criminels qui ont crucifié son fondateur.

Mais je vous le dis, vous vous leurrez. Vous ne possédez ni la sagesse ni l'audace de regarder les faits en face et de vous avouer la vérité. Vous en voulez au juif non pas parce que, comme certains d'entre vous semblent le penser, il a crucifié Jésus, mais parce qu'il lui a donné naissance. Votre vraie querelle avec nous n'est pas que nous avons rejeté le christianisme mais que nous vous l'avons imposé !

Vos accusations lâches et contradictoires contre nous sont loin d'éclipser la noirceur de notre offense historique avérée. Vous nous accusez d'avoir provoqué la révolution à Moscou. Supposons qu'on admette l'accusation. Et alors ? Comparé à ce que Paul le juif de Tarse a accompli à Rome, le bouleversement russe n'est qu'une simple bagarre de rue.

Vous faites grand cas de l'influence juive indue dans vos théâtres et vos ciné-palaces. Très bien ; votre plainte est fondée. Mais qu'est-ce que c'est comparé à notre stupéfiante influence dans vos églises, vos écoles, vos lois et vos gouvernements, et dans la moindre de vos pensées que vous avez chaque jour ?

Un Russe maladroit contrefait une série de documents et les publie dans un livre intitulé *Les Protocoles des Sages de Sion*, qui montre que nous avons comploté pour provoquer la dernière guerre mondiale. Vous croyez ce livre : très bien. Pour les besoins de l'argumentation, nous en souscrivons chaque mot. Il est authentique et véridique.

Mais qu'est-ce que c'est à côté de la conspiration historique indéniable que nous avons menée, que nous n'avons jamais niée parce que vous n'avez jamais eu le courage de nous en accuser, et dont le dossier complet est à la portée de tous ?

Si vous êtes vraiment sérieux lorsque vous parlez de complots juifs, ne puis-je pas attirer votre attention sur un sujet qui mérite d'être abordé ? À quoi bon parler du prétendu contrôle de votre opinion publique par les financiers, les propriétaires de journaux et les magnats du cinéma juifs, quand vous pourriez tout aussi bien et à juste titre nous accuser du contrôle avéré de toute votre civilisation par les Évangiles juifs ?

Vous n'avez pas encore commencé à apprécier la profondeur de notre culpabilité. Nous *sommes* des intrus. Nous *sommes* des perturbateurs. Nous *sommes* des subvertisseurs. Nous avons pris votre milieu naturel, vos idéaux, votre destin, et nous les avons dévastés. Nous avons été à l'origine non seulement de la dernière grande guerre, mais de presque toutes vos guerres, non seulement de la révolution russe, mais de toutes les autres grandes révolutions de votre histoire. Nous avons apporté la discorde, la confusion et la frustration dans votre vie personnelle et publique. Nous continuons à le faire. Personne ne peut dire combien de temps encore nous continuerons ainsi.

Regardez un peu en arrière et voyez ce qui s'est passé. Il y a mille neuf cents ans, vous étiez une race innocente, insouciante et païenne. Vous adoriez d'innombrables dieux et déesses, les esprits de l'air, des ruisseaux et de la forêt. Vous étiez fiers de la splendeur de vos corps nus. Vous sculptiez des images de vos dieux et de la séduisante physionomie de l'homme. Vous adoriez les combats sur le terrain, dans l'arène et sur le champ de bataille. La guerre et l'esclavage étaient des institutions immuables dans vos systèmes. Vous vous êtes dispersés sur les collines et dans les vallées des grands espaces, vous avez commencé à spéculer sur l'émerveillement et le mystère de la vie et vous avez jeté les bases de la science naturelle et de la philosophie. Votre culture était noble et sensuelle, inaltérée par les piqûres d'une conscience sociale ou par toute question sentimentale sur l'égalité humaine. Qui sait quel grand et glorieux destin aurait pu être le vôtre si nous vous avions laissés tranquilles.

Mais nous ne vous avons pas laissés en paix. Nous vous avons pris en main et nous avons abattu la belle et généreuse structure que vous aviez élevée, et changé complètement le cours de votre histoire.

Nous vous avons conquis comme aucun de vos empires n'a jamais soumis l'Afrique ou l'Asie. Et nous l'avons fait sans armées, sans munitions, sans effusion de sang ni tumulte, sans force d'aucune nature. Nous l'avons fait uniquement par la force irrésistible de notre esprit, avec des idées et par la propagande. Nous avons fait de vous les porteurs volontaires et inconscients de notre mission dans le monde entier, dans les races barbares de la terre, dans les innombrables générations à naître. Sans comprendre pleinement ce que nous vous faisions, vous êtes devenus les agents au sens large de notre tradition raciale, portant notre évangile jusqu'aux confins inexplorés de la terre.

Nos coutumes tribales sont devenues le cœur de votre code moral. Nos lois tribales ont jeté les bases de toutes vos augustes constitutions et systèmes juridiques.

Nos légendes et nos contes populaires sont les traditions sacrées que vous chantez à vos enfants. Nos poètes ont rempli vos hymnes et vos livres de prières. Notre histoire nationale est devenue un élément incontournable d'érudition de vos pasteurs, prêtres et savants. Nos rois, nos hommes d'État, nos prophètes, nos guerriers sont vos héros. Notre ancien petit pays est votre Terre Sainte. Notre littérature nationale est votre Sainte Bible. Ce que notre peuple a pensé et enseigné est devenu inextricablement lié à votre discours et à votre tradition, au point que personne parmi vous ne peut être qualifié d'instruit s'il ne connaît pas notre patrimoine racial.

Artisans et pêcheurs juifs sont vos maîtres et vos saints, avec d'innombrables statues sculptées à leur image et d'innombrables cathédrales érigées à leur mémoire. Une jeune fille juive est votre idéal de maternité et de féminité. Un prophète rebelle juif est la figure centrale de votre culte religieux. Nous avons renversé vos idoles, mis de côté votre héritage racial et leur avons substitué notre Dieu et nos traditions. Aucune conquête de l'histoire n'est comparable à notre conquête absolue sur vous.

Comment y sommes-nous parvenus ? Presque par accident. Il y a environ deux mille ans, dans la lointaine Palestine, notre religion avait sombré dans la décadence et le matérialisme. Le temple était aux mains des monnayeurs. Des prêtres dégénérés et égoïstes ont pillé notre peuple et se sont engraissés. Puis un jeune patriote idéaliste se leva et parcourut le pays, appelant à un renouveau de la foi. Il n'avait pas l'intention de fonder une nouvelle église. Comme tous les prophètes avant lui, son seul but était de purifier et de revitaliser l'ancien credo. Il a attaqué les prêtres et chassé les vendeurs du temple. Cela l'a amené à entrer en conflit avec l'ordre établi et ses piliers de soutien. Craignant que son action révolutionnaire ne soit une tentative politique pour les évincer, les autorités romaines, qui occupaient le pays, l'ont arrêté, jugé et condamné à mort par crucifixion, une forme courante d'exécution à cette époque.

Les disciples de Jésus de Nazareth, principalement des esclaves et de pauvres ouvriers, dans leur deuil et leur déception, se sont détournés du monde et se sont formés en une confrérie de non-ressortissants pacifistes, partageant la mémoire de leur chef crucifié et vivant ensemble en communisme. Ils n'étaient qu'une nouvelle secte en Judée, sans pouvoir ni conséquence, ni la première ni la dernière.

Ce n'est qu'après la destruction de Jérusalem par les Romains que le nouveau credo prit de l'importance. Puis un juif patriote nommé Paul ou Saul a conçu l'idée d'humilier le pouvoir romain en détruisant le moral de ses soldats avec les doctrines d'amour et de non résistance prêchées par la petite secte des chrétiens juifs. Il devint l'apôtre des Gentils, lui qui jusqu'alors avait été l'un des persécuteurs les plus actifs de la bande. Et Paul fit si bien son travail qu'en l'espace de quatre siècles, le grand empire qui avait assailli la Palestine ainsi que la moitié du monde, ne fût plus qu'un amas de ruines. Et la loi qui sortit de Sion devint la religion officielle de Rome.

Ce fut le début de notre position dominante dans votre monde. Mais ce n'était qu'un début. Depuis ce temps, votre histoire n'est guère plus qu'une lutte pour la domination entre votre ancien esprit païen et notre esprit juif. La moitié de vos guerres, grandes et petites, sont des guerres de religion, menées pour l'interprétation d'une chose ou d'une autre dans nos enseignements. À peine vous êtes-vous libéré de votre simplicité religieuse primitive et avez tenté la pratique de l'apprentissage de la Rome païenne que Luther, armé de nos évangiles, s'est levé pour vous descendre et renfoncer notre héritage. Prenez les trois principales révolutions des temps modernes - la française, l'américaine et la russe. Qu'est-ce que c'est sinon le triomphe de l'idée juive de justice sociale, politique et économique ?

Et nous sommes encore loin de la fin. Nous vous dominons toujours. En ce moment même, vos églises sont déchirées par une guerre civile entre les fondamentalistes et les modernistes, c'est-à-dire entre ceux qui s'accrochent littéralement à nos enseignements et à nos traditions et ceux qui s'efforcent par petits pas de nous déposséder. À Dayton, dans le Tennessee, une communauté biblique interdit l'enseignement de votre science parce qu'elle entre en conflit avec notre ancien récit juif de l'histoire de l'humanité et M. Bryan, le chef du Ku Klux Klan anti-juif de la Convention Nationale Démocratique, mène le combat suprême de sa vie en notre nom, sans remarquer cette contradiction. L'héritage puritain de la Judée éclate encore et encore en vagues de censure étatique, de lois du dimanche et de lois nationales d'interdiction. Et pendant que ces choses se produisent, vous bavardez sur l'influence juive dans les films !

Pas étonnant que vous nous en vouliez. Nous avons mis un frein à vos avancées. Nous vous avons imposé un livre étranger et une foi étrangère que vous ne pouvez ni avaler ni digérer, qui est à contre-courant de votre esprit indigène, qui vous met toujours mal à l'aise, et que vous n'avez pas l'esprit de rejeter ou d'accepter pleinement.

Au fond, bien sûr, vous n'avez jamais accepté nos enseignements chrétiens. Dans vos cœurs, vous êtes toujours païens. Vous aimez toujours la guerre, les images sculptées et les conflits. Vous vous enorgueillez encore de la splendeur d'un corps humain nu. Votre conscience sociale, en dépit de toute démocratie et de toutes vos révolutions sociales, est encore une chose pitoyablement imparfaite. Nous avons simplement divisé votre âme, brouillé vos impulsions, paralysé vos désirs. Au milieu de la bataille, vous êtes obligés de vous agenouiller devant celui qui vous a ordonné de tendre l'autre joue, qui a dit "Ne résistez pas au mal" et "Bénis soient les pacificateurs". Dans votre soif de gain, vous êtes soudain troublé par un souvenir de vos journées de catéchisme qui vous dit de ne pas penser au lendemain. Dans vos conflits ouvriers, au moment de déclencher une grève sans scrupules, vous vous souvenez soudain que les pauvres sont bénis et que les hommes sont frères dans la paternité du Seigneur. Et comme vous êtes sur le point de céder à la tentation, votre formation juive pose une main dissuasive sur votre épaule et fait tomber la coupe débordante de vos lèvres. Vous, les chrétiens, vous ne vous êtes jamais convertis au christianisme. Dans cette mesure, nous avons échoué avec vous. Mais nous avons à jamais gâché vos plaisirs de paganisme.

Alors pourquoi ne nous en voudriez-vous pas ? Si nous étions à votre place, nous vous en voudrions probablement plus que vous ne le faites. Mais nous ne devrions pas hésiter à vous dire pourquoi. Nous ne devrions pas avoir recours à des subterfuges et à des prétextes vaporeux. Avec des millions de commerçants juifs très respectables qui nous entourent, nous ne devrions pas insulter votre intelligence et notre propre honnêteté en parlant du communisme comme d'une philosophie juive. Et avec des millions de colporteurs et de travailleurs juifs impécunieux qui travaillent dur, nous ne devrions pas nous rendre ridicules en parlant du capitalisme international comme d'un monopole juif. Non, nous devrions aller droit au but.

Nous devrions contempler ce désordre confus et inefficace que nous appelons civilisation, de ce mélange mi-chrétien mi-païen, et - si nos places étaient inversées - nous devrions vous dire sans détour : "Pour ce désordre, merci à vous, à vos prophètes et à votre Bible".

Marcus Eli Ravage

Ce qu'en dit Wikipédia

Marcus Eli Ravage (Revici) (25 juin 1884, Bârlad, Roumanie - 6 octobre 1965 Grasse, France) était un écrivain juif américain immigrant qui a écrit de nombreux livres et articles sur l'immigration en Amérique et en Europe entre les deux guerres mondiales.

Plus connu pour son livre autobiographique *An American in the Making* (1917), il est également connu pour son article de 1928, *A Real Case Against the Jews*, [Un vrai grief contre les juifs] que le ministère de propagande allemand du Troisième Reich et d'autres jusqu'à présent ont utilisé comme preuve que le monde est dominé par des conspirateurs juifs.

Il a également été biographe de la famille Rothschild ainsi que de la seconde épouse de Napoléon, Marie Louise. Ses articles "A Real Case Against the Jews" et "Commissary to the Gentiles", publiés dans les numéros de janvier et février 1928 de *Century Magazine*, furent traduits comme "un aveu dévastateur" dans le *Czernowitz Allgemeine Zeitung* du 2 septembre 1933.

Il a ensuite été traduit par "A voice in the wilderness; Jewish rabbi on Hitler's anti-Semitism" [Une voix dans le désert ; un rabbin juif sur l'antisémitisme d'Hitler] par le *Right Cause*, de Chicago.

OUVRAGES

An American in the making:
The life story of an immigrant.
Harper & Brothers. 1917

The Jew pays:
a narrative of the consequences of the
war to the Jews of eastern Europe, and
of the manner in which Americans
have attempted to meet them.
A. A. Knopf. 1919

The malady of Europe.
New York: Macmillan. 1923

The story of Teapot Dome.
Republic Publishing Co. 1924

A Real Case Against the Jews.
*Century magazine. January 1928,
volume 115, number 3, pages 346–350*

The Jew
Commissary to the Gentiles:
The First to See the Possibilities
of War by Propaganda.
Century magazine. February 1928,
volume 115, number 4, pages 476–483

Five men of Frankfort:
The story of the Rothschilds.
L. MacVeagh - The Dial press. 1934–1928

Empress Innocence:
The life of Marie-Louise.
New York: A.A. Knopf. 1931.
Bombshell against Christianity !
Erfurt, Germany : U. Bodung-Verlag
1936 – 1928

Zwei Jüdische Aufsätze
vom Juden Marcus Eli Ravage:
A Real Case Against the Jews und
Commissary to the Gentiles.
English original text "mit deutscher Übersetzung".
Erfurt, Germany: U. Bodung-Verlag.
1936, 1937, 1940, 1942

Pour plus d'information :

Balder Exlibris
http://www.balderexlibris.com

Aldebaran Video
http://www.aldebaranvideo.tv

The Savoisien
http://www.the-savoisien.com/blog/index.php

Free PDF
http://www.freepdf.info

PDF Archive
http://www.pdfarchive.info

Aryana Libris
http://www.aryanalibris.com

Histoire Ebook
http://www.histoireebook.com

Un grain de sable
http://ungraindesable.the-savoisien.com

Livres traduits par Valérie Devon :

Tempête Infernale
La mort de l'Allemagne nazie, 1944-1947
de Thomas Goodrich

Dites la vérité et
vous humilierez le diable
de Gerard Menuhin

Sottise du Gentil : les Rothschild
de Arnold S. Leese

Le complexe de Caïphe
de Michael Collins Piper

Le contrat de transfert et la fièvre du boycott de 1933

de Udo Walendy

Meurtre rituel juif

de Arnold S. Leese

Hors des sentiers battus, les deux vies d'un vétérinaire anti-juif

de Arnold S. Leese

Made In Russia: The Holocaust
Livret d'accompagnement de la vidéo réalisée par Carlos W. Porter

La guerre de survie juive

de Arnold S. Leese

Pologne et les falsifications de l'histoire polonaise

de Else Löser

Les ordres des commandants d'Auschwitz 1940-1945

de Ernst Böhm

Le testament politique

de Julius Streicher

de Julius Streicher

www.ingramcontent.com/pod-product-compliance
Lightning Source LLC
LaVergne TN
LVHW091935070526
838200LV00068B/1266